RÉCEPTES POLITIQUES

A L'USAGE

D'UNE MONARCHIE.

N° V.

SUITE DU CHAPITRE Ier.

MOYENS DE PARVENIR DANS UNE MONARCHIE.

Tout chemin mène à Rome.

JONGLERIE.

La jonglerie *est un art qui apprend à vivre et à prospérer aux dépens ou par la grâce des sots.*

Les aruspices, les augures, l'astrologie, la nécromancie, la pyromancie, l'aréomancie, l'hydromancie, la géomancie, la chiromancie, la catoptromancie, la cinomancie, la métoposcopie, l'énéirotracie, la palingénésie; la puissance d esprits, celle des revenans, la possession des diables, l épreuves par le feu, par l'eau, par l'huile bouillante; l exorcismes, les enchantemens, la transplantation des mala dies, la transfusion du sang, les sortiléges, les escamotage l'art des convulsionnaires, le jeu de la baguette divinatoire et, de notre temps, le mesmérisme et le somnambulism ont été tour à tour, depuis l'enfance des nations, le sujet d l'admiration des hommes et des moyens de JONGLERIE qu des *fripons* ont employés avec succès, pour persuader qu'il avaient le pouvoir de changer l'ordre des choses établi pa la nature, en faveur des nigaux qui les payaient.

Les femmes commencent la fortune des JONGLEURS et des *charlatans;* les malades, les visionnaires, les chevaliers d'industrie et les factieux de toute espèce la finissent.

La JONGLERIE et l'art dramatique ont entre eux beaucoup de ressemblance. Tous les deux consistent à fasciner les yeux et l'esprit des faibles humains, au point de leur faire croire ce qui n'est pas, et même souvent ce qui n'est pas possible. Tous les deux ont commencé par se montrer aux foires et sur les places publiques, représentés par des *quidams*, des vagabonds travestis, le visage barbouillé de lie, prenant toutes sortes de masques et de déguisemens pour mieux en imposer à la foule ébahie par des farces, de bons mots, des assertions hasardées, des oracles impérieux et énigmatiques, et des tours de *passe-passe* plus ou moins surprenans. Ces deux arts, comme l'on voit, ont une origine presque semblable, et tous deux, en se perfectionnant, ont figuré avec distinction dans les temples, à la cour, chez les grands, dans les moyennes et dernières classes de la société.

Plusieurs de leurs coryphées y ont joué des rôles importans et y ont acquis une autorité et une influence qui, quelquefois a été bien funeste aux souverains et aux particuliers qui ont aveuglément accordé une confiance trop inconsidérée aux personnes, aux maximes, aux jeux et aux promesses de ces charlatans.

La JONGLERIE est un moyen puissant de frapper l'imagination des hommes, et les déterminer d'avoir une volonté analogue aux desirs du JONGLEUR qui les travaille. Des politiques habiles l'ont employé souvent avec avantage, pour fonder des empires, enflammer leurs partisans, en augmenter le nombre et les assujétir, par un dévouement absolu, aux personnes, aux opinions, aux ordres de ces chefs, qui s'étaient emparés de toutes leurs facultés, et qui les avaient enivrés et fanatisés en faveur de la suprématie qu'ils avaient pris sur le cœur et l'esprit de leurs sectaires. *Numa* persuada aux Romains que la nymphe *Égérie* lui dictait ses ordonnances : les Arabes croient encore que l'ange Gabriel inspirait Mahomet ; les soldats de Charles VII, fermement convaincus que *Jeanne-d'Arc* leur avait été donnée par le ciel, pour les délivrer des Anglais, firent des actes d'une valeur incroyable sous l'étendard de cette héroïne envoyée de Dieu ; et nos contemporains ont été témoins des miracles opérés par les JONGLERIES de *Souvarrow* qui, en exaltant l'âme des Russes qu'il commandait, les rendit invincibles sous ses ordres.

Si les bons souverains, leurs ministres et leurs généraux se sont permis d'avoir recours à la JONGLERIE pour intimider leurs ennemis, éblouir leurs subordonnés et animer leurs troupes, à plus forte raison, les méchans n'ont pas négligé de se servir de ce véhicule presque immanquable sur la foule, toutes les fois qu'ils ont voulu fanatiser leurs satellites et recruter des complices. La robe ensanglantée de *Jules-César*, qu'Antoine développa devant le peuple romain, afin d'enflammer cette populace contre le parti républicain qui avait fait tuer cet usurpateur ; les ambassadeurs du genre humain que se fit présenter l'assemblée nationale; la magnificence et l'appareil qu'on mit aux obsèques de Mirabeau et des reliques de Voltaire ; les fêtes funèbres que fit célébrer, avec tant de pompe, le *directoire* pour apaiser les mânes de Saint-Jean de Brie et des autres négociateurs de Rastadt qu'il avait fait assassiner, sont autant de JONGLERIES dont ces factieux se servirent pour émouvoir le peuple et accélérer la réussite de leurs desseins criminels : par malheur toutes n'ont pas été infructueuses, ni sans produire des effets très-marquans dans les révolutions subséquentes qu'éprouvèrent leur pays.

Les philosophes, les charlatans, les intrigans, les factieux, ces classes d'hommes dont l'unique état est de faire des dupes, ont souvent déployé plus de talens en JONGLERIE que les grands politiques dont nous venons de parler. Les oracles, les sibylles, *Socrate* (1), Mesmer, Cagliostro : la liste serait longue si l'on voulait la compléter ; ces fameux JONGLEURS n'ont dû qu'à leur art la réputation, le respect, la considération, l'ascendant, l'autorité ou l'existence brillante dont ils ont joui au milieu des personnes qui ont eu la bonté de les souffrir, de les croire, de les admirer et de s'en fier à eux.

---

(1) Voyez sur le caractère de *Socrate*, la note T qui le concerne. *Tydologie*, tom. II, chap. IV, pag. 615.

La JONGLERIE est une espèce d'enchantement auquel les masses humaines ne résisteront jamais. Quelques individus pourront se garantir de ses maléfices ; mais les plus sages ne seront que trop souvent entraînés par la foule dans les filets de ces fourbes à grands moyens, de ces princes du charlatanisme, passés maîtres dans l'art de tromper le public. LES JONGLEURS en politique ou en médecine sont une race inextinguible, parce qu'ils trouveront toujours assez de dupes et de fripons qui s'associeront pour les soutenir et les alimenter. C'est sur cette vérité, qui n'a pas encore été démentie, que les auteurs et fauteurs des sectes secrètes ont de tout temps fondé leurs espérances de réussite.

Sous le couvert de leurs JONGLERIES et de leurs pratiques puériles, les adeptes pythagoriciens, manichéens, vaudois, franc-maçons, illuminés comme les mineurs, creusaient des précipices, gagnaient du terrain à la faveur des ténèbres, propageaient des mauvais principes, préparaient des poudres fulminantes, en chargeaient leurs fourneaux avec le projet prémédité de renverser, en temps et lieu, tout ce qui se trouverait au-dessus d'eux, et de répandre avec profusion cette vive lumière, si vantée dans les 18e et 19e siècles, qui devait porter le feu et le ravage partout où elle pourrait atteindre.

On aurait cru que les philosophes, les universités, les académies, les progrès des sciences et du raisonnement eussent été des préservatifs infaillibles contre les dangers de la JONGLERIE. C'est en vain : ce poison s'accroît et devient d'autant plus subtil, que les connaissances humaines s'augmentent, et qu'elles se répandent davantage.

C'est dans le beau siècle de Périclès que SOCRATE persua
aux badauds d'Athènes que ses maximes et ses démarch
lui étaient inspirées par un démon familier.

C'est sous le régent, sous l'empire des beaux-esprits
des incrédules, que *Joseph Delille*, astronome de l'acadén
des sciences, vivait des horoscopes astrologiques qu'il coi
posait pour les grands seigneurs de cette cour (1). C'est
l'aurore de la philosophie, qu'on vit sous Louis XV, la sec
du diacre Paris, monter son théâtre de convulsionnaire
de ces hommes et de ces femmes invulnérables. On l
brûlait, on leur passait une épée à travers le corps, on l
martyrisait de toutes les manières, et ils ne s'en portaient q
mieux après.

Au milieu des triomphes de cette même philosophie, so
la toute puissance du *règne de la raison*, on a vu les esprit
forts les plus audacieux et les plus éclairés, garottés par d
superstitions puériles, consulter avec confiance et soumi
sion, les oracles de la JONGLERIE.

Le *marquis d'Argens* ne croyait pas en Dieu, mais il se
tait de table s'il y avait treize convives (2); et pendant tou
la guerre de sept ans, le grand FRÉDÉRIC, ce prince, si s
lennellement athée, se faisait envoyer mystérieusement
bulletin de sa *bonne aventure* par sa sœur, la princes
Amélie (3).

---

(1) *Histoire de l'Académie royale des sciences de Paris*, 176
pag. 175, édition in-4°.

(2) *Vie de Voltaire*, par M. F.-A.-J. Mazure. Paris, 182
pag. 326.

(3) *Idem, page* 318.

Sous Louis XVI, dans le siècle des lumières, au moment où les écoles et les académies françaises étaient dans leur plus grande splendeur, *Mesmer* fit croire aux Parisiens qu'il tenait au bout de ses doigts la cure de toutes les maladies; sur la foi de *Cagliostro*, ils furent convaincus qu'ils souperaient avec les grands hommes de l'antiquité qu'ils voudraient choisir pour convives; et les adeptes à la mode parvinrent à démontrer *à la majorité saine de la nation*, qu'une somnambule endormie était en savoir au-dessus de tous les docteurs de l'Europe. Ces faits, passés sous nos yeux, prouvent, d'une manière incontestable, que la civilisation la plus éclairée ne détruit pas l'ascendant que la JONGLERIE a naturellement sur l'esprit des hommes, même aux époques où on les croit les plus généralement instruits.

Oh! le bon pays qu'était la France pour les JONGLEURS! je les ai vus tous faire fortune et attacher une grande clientelle à leur suite; et, quoique leurs mensonges fussent grossiers, les plus savans y ont été attrapés.

Mais chez un peuple civilisé, tous les arts marchent ensemble, et se perfectionnent de concert. La JONGLERIE introduite à la cour, y parut avec des formes plus décentes et plus polies. Les ministres et leurs bureaux l'accueillirent parfaitement bien. Ils s'empressèrent de lui donner de l'emploi, et abandonnèrent aux charlatans des carrefours le magnétisme animal, le fluide universel, les poudres de *Perlimpimpins*, ces tours d'escamoteurs et de saltimbanques, qui avaient fait la fortune de tant d'autres. Au lieu de frapper les yeux et d'exalter l'imagination avec des expériences de physique, et des harangues dignes des arracheurs de dents, ils s'adressèrent au cœur et à l'esprit de leur auditoire, et tâchèrent de le gagner en faveur de leur personne et de leurs projets avec des apophtegmes, des sentences et des expressions bien justes, et qui auraient été bien rassurantes si la conduite et les intentions connues de ceux qui les proclamaient, avec tant d'emphase, n'eussent pas démenti d'avance ce que leur bouche ou leur plume assurait si solennellement.

L'archevêque de Toulouse, premier ministre de France en 1788, nous en donne un exemple encore assez récent dans notre histoire. Un ouragan affreux venait de ravager les campagnes à vingt lieues autour de la capitale. Le cardinal ordonna aussitôt de lui composer au nom de Sa Majesté, une invitation à tous les corps et à toutes les personnes charitables, de venir au secours de ce malheureux pays ravagé par la grêle. Cette JONGLERIE lui valut *douze cent mille francs*, qui furent déposés et dissipés au Trésor royal, avec tous les autres fonds qui lui arrivaient, sans que ces pauvres cultivateurs en aient jamais touché un sou (1).

---

(1) *Annales françaises*; par Guy-Marie Sollier. Paris 1813, pag. 195.

Après la paix de 1763, le gouvernement fit une invitation aux *pays-d'état*, aux grandes villes et à différentes corporations, pour remonter la marine et lui donner des vaisseaux de guerre en remplacement de ceux qu'on avait malheureusement perdus dans cette guerre.

« Je tiens de M. le duc de Choiseul, qu'indépendamment de la

Cette manière d'escroquer de l'argent, cet art de tromper les hommes avec de belles paroles, ces moyens d'une JONGLERIE grammaticale étaient devenus si communs, en France, que les besoins de la société forcèrent de leur donner un nom technique, qui les désigna exclusivement à tous les autres. On les appela des PHRASES : parce que, sans doute, c'était avec des *phrases* par excellence qu'on l'exerçait avec profit. On en a beaucoup abusé, avant et depuis la révolution.

» construction de quatre vaissseaux, le total de la contribution » s'était monté à treize millions, argent comptant. En vérité, avec » une telle nation, *il faut que le gouvernement soit absurde ou* » *coupable, pour que la France ne tienne pas le premier rang* » *dans l'univers !*

Mémoires de Bezenval. Paris 1821, tom. 1, pag. 238.

N. B. Sous le règne de Louis XV, on estimait, l'un portant l'autre, à un million, le prix coûtant d'un vaisseau de guerre du premier rang. Indépendamment des quatre vaisseaux déjà donnés, il faut donc en ajouter treize autres de plus, fournis par les provinces, les grandes villes et autres corporations administratives; c'était en tout dix-sept vaisseaux de guerre du premier rang : dont, après la paix de 1763, la marine du roi devait être augmentée par ces dons patriotiques. Je ne crois pas en avoir oublié beaucoup; et voici ceux dont je me ressouviens : *La ville de Paris, la Bretagne* à trois ponts, *le Languedoc* de quatre-vingts canons, *la Bourgogne, le Marseillais, le Bordelais* de soixante-quatorze canons, *la Provence, l'Artésien, la Ferme,* de soixante-quatre à cinquante. En voilà neuf, et il nous en faut dix-sept; il en manque donc huit à l'appel, et à coup sûr, mes oublis, si j'en ai fait, ne vont pas jusque-là.

Les traditions du corps affirmaient, de mon temps, que les JON-

Henri IV et Louis XIV n'ont pas dédaigné de s'en servir en plusieurs occasions et avec avantage. Mais c'est le *sabre de Scanderberg* qui n'était indomptable que dans les mains du héros qui lui avait donné son nom. Aussi ces *phrases* officielles et de JONGLEURS perdent graduellement de leur force enivrante, et on finit même par les tourner en ridicule, en raison du peu de confiance que l'on a dans le caractère, les intentions et les manœuvres des gens en place qui les emploient. Moi aussi, j'ai vu le monde, et j'ai le droit d'être difficile.

La liberté de la presse est peut-être le remède le plus efficace contre le venin de la JONGLERIE : mais une *liberté* pleine et

---

GLEURS des bureaux de la marine, sous le duc de Praslin, en avaient mangé davantage; et qu'ayant dissipé les fonds destinés pour la construction de la *Ville de Paris*, et pressés par les administrateurs de cette commune, qui voulaient voir l'emploi de leur argent, ils avaient ordonné de changer le nom de l'*Infernal* de quatre-vingts canons, qui était sur les chantiers de Rochefort, et d'en faire un vaisseau à trois ponts, qu'on appellerait la *Ville de Paris*, qui, par cette raison, a toujours été regardé comme un vaisseau manqué. Le premier combat du comte d'Orvilliers, sur l'île d'Ouessant, en a donné la preuve convaincante. Si la liberté de la presse eût existé à cette époque, on ne se serait pas sans doute permis une JONGLERIE semblable.

Peut-être que dans le temps y eut-il plusieurs exemples pareils; mais je ne me ressouviens que de celui-là.

La révolution a-t-elle éteint parmi nous la race des JONGLEURS politiques et administratifs? je n'ose l'affirmer, et je m'en réfère aux historiens futurs de la France.

entière, tant de la part de la police que de celle des écrivains; et non pas comme en ont profité les royalistes qui, jusqu'à présent, au 1er janvier 1820, n'ont jamais osé écrire tout ce qu'ils savaient, et *tout ce qu'ils devaient savoir*, contre leurs adversaires acharnés, et en faveur de la cause qu'ils défendaient, avec autant de loyauté et de persévérance que de timidité.

PARVENUS.

Le paysan est ombrageux, dissimulé, défiant, bas et malin, sous une apparence de naïveté. S'il passe subitement de la pauvreté à la richesse, il devient dur, hautain, exigeant et dédaigneux avec ceux qu'il regarde au-dessous de lui : voilà le PARVENU.

Quand les PARVENUS sont en petit nombre, et que le titre de leur élévation a été honorablement acquis, ils ajoutent à leur considération personnelle celle du nouveau rang où leur mérite les a placés. Leur gloire rejaillit sur la classe supérieure qui les reçoit dans son sein ; et ils l'augmentent en raison que leurs services ont été mieux connus. Le public applaudit alors le pouvoir qui a élevé ces grands hommes au-dessus de la sphère où ils étaient nés. On ne va point chercher ce qu'ils ont été : on ne se rappelle que ce qu'ils ont fait, on ne veut voir que ce qu'ils sont ; et on n'estime leur valeur que par l'espace immense et les obstacles considérables que la nature les a obligés de franchir pour monter si haut en partant de si bas. On les admire, on les porte en triomphe, on ne met point de bornes aux honneurs que chacun s'empresse de leur rendre ; le sarcasme dédaigneux s'émousse et reste sans effets devant des réputations si respectables. Amiot, Fabert, Catinat, Fléchier, Dugaitrouin, Jean-Bart, sortis de la bourgeoisie ou d'une classe plus basse, ayant obtenu, par les vertus et les talens de leur état es premières places dans leur corps respectif, n'ont jamais été, en France, traités comme des PARVENUS.

Si les PARVENUS se multiplient à l'excès et au-delà des actions méritoires; s'il n'y a point de freins qui retiennent les avancemens dans des bornes raisonnables; s'ils deviennent le résultat nécessaire d'un système prémédité et adopté par le Gouvernement, d'*humilier les grands en élevant les petits*, de confondre les premiers avec les derniers, et de mettre tout le monde sur le même niveau; enfin, si comme un obélisque, sans acolytes et sans soutien, le prince met sa vanité à percer seul à travers la foule qui reste à fleur de terre, afin d'attirer toutes les attentions sur lui; s'il continue avec satisfaction à regarder la totalité de ses sujets du haut de sa grandeur, à ne les considérer qu'en masse et dans un lointain qui efface à ses yeux les nuances hiérarchiques qui les différencient entre eux; si son amour-propre et sa politique soutiennent cette perspective qui lui montre l'ensemble de son peuple sur le même plan, et en égalise les individus dans sa pensée; si l'orgueil et l'indifférence entretiennent son illusion et lui persuadent qu'il déroge en reconnaissant la valeur des titres que des services ou de *sots préjugés* ont donnés à chacun de ses officiers qui réclament les grâces de son souverain; s'il a la légèreté de publier et de confirmer, par ses actes, qu'il se moque des droits acquis, qu'il n'y aura égard pour aucun solliciteur demandant les récompenses qu'il prétend lui être dues; qu'au pied de son trône l'un vaut l'autre; que le premier venu qui lui plaît mérite davantage que l'ancien serviteur qui l'ennuie; et qu'il peut les élever, les abaisser, ou les peloter selon son humeur et *son bon plaisir*, sans que personne n'ait le droit de s'en plaindre; si enfin un ou plusieurs de ces motifs dirigent l'espri du Gouvernement, c'est alors que les PARVENUS abonden et que les monarchies croulent.

Si, par des causes quelconques, les PARVENUS se multiplien hors de mesure dans un État, ils deviennent un symptôm manifeste d'une dissolution ou d'un changement notabl dans les souverainetés qui admettent un mélange d'aristo- cratie dans leur constitution; et, à la rigueur, en pratique elles en reconnaissent toutes, pour peu que le nombre de leurs sujets et l'étendue de leur territoire soient considé- rables. A la vue de ces PARVENUS, tout change : les loges l'orchestre, l'amphithéâtre, se précipitant pêle-mêle dans le parterre, y produisent une confusion universelle à laquelle il est difficile de remédier. Si le spectacle dure trop long- temps, tout s'égalise, tout se nivelle, et le Gouvernement représente alors une table rase où chacun se coudoie, se pousse, se heurte, renverse son voisin, est renversé par ses concurrens; et où enfin on s'avance, comme on peut, pour arriver aux premières places. Au milieu de ces intri- gues tumultueuses, de ces flots agités par diverses passions, le souverain, s'il est faible, se trouve lui-même, quelquefois, emporté et noyé dans une mer de désordres.

Un PARVENU attrape-t-il une de ces premières places, il s'étonne de voir qu'une partie de la considération qui y était attachée se soit échappée par le même chemin qui l'a conduit à l'obtenir. Il n'a pas monté, mais sa place est des- cendue, et s'est trouvée à sa portée quand il l'a prise : c'est le geai paré des plumes du paon qui devient la fable du jour. Son habit n'en impose plus : il s'est dégradé en route et le public s'amuse à substituer ses railleries mordantes contre le PARVENU, aux respects qu'il était accoutumé d'accorder à ses prédécesseurs. Le Gouvernement en est réduit aux gendarmes pour se faire obéir; car on n'est plus retenu par ces sentimens de considération qu'on avait d'avance pour les officiers chargés, dans leur département respectif, de représenter le souverain, et de veiller à l'exécution de ses ordonnances. On se moque des noms des PARVENUS qu'il met en place et de leur autorité, si la force ne les accompagne pas.

Un gouvernement sera dans une situation précaire qui ne fera qu'empirer toutes les fois qu'il se mettra dans l'absolue nécessité de n'avoir, à la tête de ses postes importans, que des caractères fermes et d'un grand talent analogue à la place qu'on leur confie. Avec des PARVENUS cette condition est indispensable, ou bien tout vacille et tout est en danger. Plus leur nombre sera considérable, plus leur vie antérieure aura été obscure, et plus un collecteur timoré de tels bénéfices à charge d'âme sera embarrassé dans ses choix. Eût-il les meilleures intentions et les renseignemens les plus détaillés et les plus certains, peut-il répondre que, dans le cours de ses nominations, il n'ait pas un moment de distraction, de partialité obligée, de ressentiment, d'affection particulière ou de séduction de quelque hypocrite qui le dévoie de sa résolution de ne jamais choisir que des gens de mérite, et sur lesquels on puisse compter dans toutes les occasions? Si donc, par un de ces hasards, des fonctions importantes et difficiles à remplir sont remises dans les mains d'un homme médiocre, faible ou factieux, c'est une lacune, une brèche ouverte au désordre : on ne peut pas prévoir jusqu'où iront les assaillans et le terrain que gagneront les novateurs dans le corps de l'État, parce que l'homme étant tout, s'il manque, il ne reste plus rien et on ne sait plus comment se défendre. Autrefois, un prince du sang, un maréchal de France, un duc et pair, un grand seigneur, un magistrat ou un officier recommandable, doué d'un peu de sagesse dans sa conduite, et de mesure dans ses propos, avec son nom, son titre et ses décorations, en imposait seul à une province, et réunissait tous les esprits; mais avec des PARVENUS, ce n'est plus cela; l'illusion s'évapore en leur présence; sous leur Gouvernement, il faut du *positif*, encore il ne suffit pas toujours.

Il est impossible de se dégager absolument des préjugés de son enfance. La raison a beau se révolter contre eux, et vous convaincre de leur impertinence, une routine d'instinct vous ramène sans cesse à vous livrer, sans pouvoir vous en garantir, aux premiers sentimens que vos parens et vos habitudes vous ont inculqués dès votre plus tendre jeunesse. Les Portugais ont développé parfaitement cette idée, et les conséquences qu'on doit en tirer dans la fable suivante :

« Dans un couvent de capucins, près de Lisbonne, il y
» avait une croix miraculeuse, pour laquelle le peuple avait
» la plus grande vénération. Mais elle était si vieille, qu'elle
» tombait en vermoulu : ces bons pères, craignant de perdre
» les charités nombreuses qu'elle leur attirait, résolurent à
» huit-clos de couper un *cerisier* de leur jardin, d'en cons-
» truire secrètement un nouveau crucifix, et de le mettre
» à la place du premier, sans que personne s'en aperçût.

Cette substitution fut cachée aux novices. L'un d'eux remarqua qu'un de ces vieux religieux qui était autrefois assidu à faire de longues méditations au pied de l'ancienne croix, n'avait plus la même ferveur pour ce nouveau crucifix; il osa un jour lui en demander la raison. Ah! mon ami, *je l'ai vu cerisier* (1).

Beaucoup de gens, comme ce bon capucin, ont de la répugnance à fléchir le genou devant des dieux qu'ils ont vu *cerisier*, et entourés de fumier dans leur jardin, pendant plusieurs années de suite. Dans les régimens, sur les bâtimens du roi, on a eu plus d'une occasion de s'apercevoir de la différence que les cavaliers, fusiliers et matelots mettaient entre leurs officiers naturels et les *officiers de fortune*. C'était avec amour, respect, zèle et dévouement, qu'ils servaient volontiers sous les ordres des premiers, et ce n'était que par force, et en rechignant qu'ils obéissaient aux seconds, qu'ils appelaient officiers de *sarrau*; parce que c'étaient des PARVENUS qui avaient commencé, comme eux, par porter le sarrau, et manger à la gamelle, quand ils étaient soldats.

« Rose et Fabert ont ainsi commencé. »

Nous l'avons déjà dit, les talens extraordinaires et les grandes vertus surmontent et honorent tout. Mais le besoin de tirer un personnage de la dernière classe, pour l'élever au faîte de la grandeur, se présente rarement; surtout quand de pareilles récompenses ne sont accordées qu'à ceux

(1) *Mes loisirs à bord du vaisseau amiral*, *pag.* 37.

qui les méritent en toute justice. « Ce n'est pas à titre de *pl*
» *béïen* qu'un soldat doit devenir maréchal de France, qu'u
» vicaire obscur peut parvenir à l'épiscopat, et qu'un élèv
» de la bazoche a l'espérance de se revêtir de la simarre
» c'est parce que chacun d'eux aura porté le mérite de so
» état jusqu'au sublime; c'est que par son courage, ses ver
» tus et son savoir, il aura illustré sa patrie, et c'est surtou
» parce qu'il aura été fidèle à son DIEU, à son *Roi* et à l'*hon-*
» *neur*: mots sacrés dont la réunion forme le nom d'un seul
» dieu, en *trois personnes*, sous la protection duquel la France
» n'avait cessé de prospérer pendant quatorze siècles (1). »

Ce n'est point sur des exceptions que la politique fonde ses règles générales. Louis XIV, comme l'on sait, couronna la carrière de ces deux *officiers de fortune*, par le bâton de maréchal de France, le *nec plus ultrà* de l'ambition du militaire français. Mais ils ne furent point des PARVENUS, ou du moins on ne les regarda pas comme tels. Ces deux braves roturiers n'eussent pas été si flattés de ce haut grade, si, après leur élévation, ils se fussent retrouvés au milieu des pairs et compagnons de leur enfance, PARVENUS, comme eux, à la tête de l'armée, par leur mérite, ou par quelqu'autre raison facile à deviner. Mais par la grâce éminente que le roi venait de leur accorder, et dont personne, pas même la postérité, n'a contesté la justice; *Rose* et *Fabert* devinrent les égaux et les camarades des Maillé, des Turenne, des Caumont-Laforce, des Luxembourg, des Durfort, des d'Estrées, des Tourville, des Harcourt, des Fitz-James, des Goyon-Matignon,

---

(1) Discours de M. le marquis d'Herbouville, prononcé dans la Chambre des Pairs, le 27 février 1822.

enfin de ce qu'il y avait dans le royaume de plus grand par leur naissance, leurs exploits, leurs décorations et leurs illustrations en tout genre. Ces familles, ces noms, ces hommes, ces héros qui, par un sentiment antique et solennel de vénération, entraînaient la France entière avec eux, furent les plus empressés d'applaudir à ces choix et de se féliciter du surcroît de bonne compagnie que S. M. venait de leur procurer. Lorsque les places enorgueillissent les titulaires, et que le choix des titulaires invite à respecter les places, tout va bien, parce qu'alors l'autorité et la considération marchent toujours ensemble.

Les grades et les honneurs d'un gouvernement sont comme les médailles; ils acquièrent de la valeur en raison de leur rareté et de la conservation de leur coin. Presque toutes les marchandises s'avilissent et baissent de prix en devenant trop communes. La CHEVALERIE, cet ordre, la gloire de l'Europe et de l'humanité entière, pendant les trois ou quatre premiers siècles qui suivirent l'exaltation de Hugues-Capet sur le trône de France; cette association de héros parfaits, aussi recommandables par leur courage que par leurs vertus et leur courtoisie, dégénéra par la quantité de chevaliers que, sous le roi Jean, l'on fit sans choix et sans mesure. Des jongleurs, des hommes tarés ou sortis de la poussière, en reçurent l'accolade et les décorations. On poussa l'indécence jusqu'à métamorphoser, par gentillesse et sans motif décent, de simples paysans en hommes nobles, et à revêtir leurs enfans de tous les honneurs de la *chevalerie*. Malgré ses vices et ses PARVENUS, la considération de cet ordre se traîna encore pendant quelque temps. Mais en confondant sous le même titre et sous la même bannière ces héros avec des *maîtres-ez-arts*, François Ier porta le dernier coup à cette institution, dont on ne voit qu'un exemple dans le monde.

Ces foules de PARVENUS, ces forêts de cerisiers sont les repaires des gens sans aveu qui ne cherchent qu'à vivre et à faire fortune aux dépens de qui de droit. Ils ne soupirent qu'après un chef qui leur donne la ration et qui les mène à la picorée. Avec eux, on fait tout ce qu'on veut; le bien et le mal, la conservation ou le renversement d'un empire, tout leur est égal, pourvu qu'ils mangent et qu'ils s'élèvent. Les ambitieux les aiment beaucoup à cause de cela, et les *sots* en place les préfèrent, parce que, n'étant retenus par aucun principe, ces PARVENUS ne se permettent point de remontrances, et qu'ils se prêtent avec une complaisance rare aux caprices des commandans, qui aspirent au despotisme pour s'y endormir dessus et gouverner, sans réfléchir, selon leurs fantaisies du moment. Les armées les plus formidables ont été celles de ces *janissaires*, ne tenant à rien, qu'au sultan qui savoit les contenir et les conduire. Excellens pour les conquêtes et les ravages, le repos les tue ou les révolte : bas et tremblans devant leur prince et ses généraux, ils sont volontaires, et les font trembler à leur tour, suivant le caractère de ceux qui sont à leur tête. La crainte de leurs chefs est le seul sentiment qui les retienne, et la bravoure la seule vertu qu'ils honorent : aucun autre motif de respect humain n'a accès sur l'âme de cette soldatesque, et aucune institution ne peut résister à ces esprits turbulens; fléaux des peuples qui ont favorisé la propagation et la puissance de ces PARVENUS. La gloire dont ils ont un moment illustré leur nation a été bien chèrement achetée par la dévastation de leur pays, et l'état d'une dissolution dégradante dans lequel ils le laissent au milieu des trophées de victoire dont ils ont enrichi leur ancienne patrie : car sous un pareil régime, il ne s'en forme pas de nouvelle. Ils trouvent parmi eux des camarades, des complices, mais point de citoyens. La religion est un contre-poids qui modifie et corrige en partie les excès de ces militaires. Mais si, par le principe de son gouvernement, cette milice est et doit être athée, il n'y a plus de remède que le temps, parce qu'il détruit tout.

Des gens de cette espèce, sous les ordres de Nemrod, d'Attila, de Gengiskan, d'Hyder-Ali ont créé des empires et en ont détruit beaucoup d'autres; c'est sans doute à la gloire de ces brigands, en l'honneur de ces PARVENUS qui s'avancèrent à leur suite, et dans l'intérêt de leurs successeurs, que *Voltaire* fit ce vers si connu, et qu'on répète encore tous les jours :

« Le premier qui fut roi fut un soldat heureux. »

Il est évident que, dans ce vers, Voltaire entendait par *premier Roi* le chef, le fondateur d'un empire, et alors la généralité de son assertion se trouve fausse et démentie par l'histoire. MOYSE, chef et fondateur de l'empire des Israëlites, *ne fut point un soldat heureux;* Hoang-ti, chef et fondateur de l'empire chinois, *ne fut point un soldat heureux;* LICURGUE, chef et fondateur de l'empire de Lacédémone, *ne fut point un soldat heureux;* DEJOCÈS, chef et fondateur de l'empire des Mèdes, *ne fut point un soldat heureux;* les PAPES, chefs et fondateurs de l'empire de Saint-Pierre, *ne furent point des soldats heureux;* les PÊCHEURS de Rialto, chefs et fondateurs de l'empire de Venise, *ne furent point des soldats heureux;* les JÉSUITES, chefs et fondateurs de l'empire du Paraguay, *ne furent point des soldats heureux*........ Nous n'en finirons pas la liste. Celle-ci suffit pour prouver que tous les premiers rois *n'ont pas été des soldats heureux*. Voltaire se trouve ici en défaut. Chacun a son genre; et la politique conservatrice n'était pas le sien.

On contient facilement, par la discipline et les réglemens de l'armée, les PARVENUS qui servent dans les corps militaires. On a plus de peine à surveiller les officiers-généraux commandans qu'on a tirés des classes inferieures de la société. Raison de plus pour les bien choisir et n'en avoir qu'en petit nombre. On en est toujours le maître, puisqu'aucun usage hiérarchique ne force d'élever à ces hauts grades des sujets sortis des rangs du simple soldat, et qui n'y ont été nommés qu'en faveur d'une loi d'exception, contraire aux règles ordinaires et presque constamment suivies. D'ailleurs, il n'y a, comme on le fait dans la plus grande partie de l'Europe, qu'à diviser l'armée en régimens, en corps particuliers, détachés et souvent rivaux les uns des autres, sur l'esprit desquels les généraux qui les commandent accidentellement n'ont aucune influence et sont entièrement étrangers à leur composition, à leur discipline intérieure, et à l'avancement respectif de ceux qui les composent.

Ces officiers de fortune, généraux ou subalternes, sont aussi braves et aussi instruits que les autres. Leur origine, l'état de leur famille et de leur existence passée, empêchent qu'on ne les suppose aussi dévoués au maintien des institutions de leur pays, sous un gouvernement faible, des ministres pervers, et des chefs factieux ou étourdis. Ce sont à la lettre des janissaires qui soutiennent ou renversent leur sultan, sans mettre plus d'importance à l'un qu'à l'autre. Enfin, ces soldats subjuguent leurs compatriotes, mais ils ne corrompent point leur esprit, et ils le laissent comme ils le trouvent.

Les législateurs habiles des États monarchiques, aristocratiques, et même de quelques-uns démocratiques, ont bien senti, en rédigeant leurs institutions militaires, la nécessité de tracer une ligne de démarcation, non pas insurmontable, mais bien prononcée et entretenue avec soin, qui sépare la classe où l'on devait prendre les officiers, d'avec celle où il fallait recruter les soldats et les sous ordres des compagnies. En suivant un principe contraire, les ministres de la guerre préparent beaucoup d'embarras à leurs successeurs s'il survient des circonstances difficiles qui égarent les esprits et attaquent les fondemens de l'État : des *révolutions*, des renversemens de souverains en ont été les suites.

Ce furent les PARVENUS, les officiers de fortune dont *Jules César* avait peuplé son armée, qui aidèrent puissamment ce chef audacieux à renverser son gouvernement, et à se mettre au lieu et place de son ancien souverain, qu'il venait d'anéantir. Certes, il n'eût pas trouvé autant de facilité dans l'exécution de ses desseins criminels, si la généralité de ses principaux subordonnés eût tenu par le sang à des familles dont le rang, la fortune liaient fortement leurs intérêts particuliers avec ceux de la république. Mais les soldats, les centurions et les tribuns de légion de cet usurpateur, ayant tout à gagner et peu de chose à perdre dans un désordre général, au lieu de l'éteindre, ne songeaient au contraire qu'à l'augmenter, afin de multiplier les chances, d'acquérir une grosse fortune et les premières places du nouveau gouvernement que leur chef voulait établir. C'étaient de vrais sicaires attachés à un rebelle plein de talens qui, sans pitié comme sans pudeur, proscrivirent et dépouillèrent leurs principaux concitoyens pour assouvir leur rage et leur avidité, en vertu de l'autorité de leur général, nommé *dictateur perpétuel* par la grâce de ces PARVENUS. On vit après sa mort, sa soldatesque poursuivre avec acharnement le reste des bons citoyens, qui tâchaient de rétablir leur gouvernement légitime; les vaincre, et ajouter à leur triomphe l'honneur d'être les bourreaux de leurs compatriotes, entachés du crime irrémissible dans les révolutions, d'avoir été constamment fidèles à leurs devoirs et à leurs sermens : crime que l'expérience nous a appris être plus impardonnable que le régicide, l'assassinat et le vol.

Les satellites de ce grand capitaine, si fameux dans l'histoire des factieux, devinrent ensuite des meurtriers à gage, et enrégimentés aux ordres des triumvirs, de ces trois tyrans, qui se partagèrent la souveraineté usurpée de *Jules César*. Ils se divisèrent et se battirent entre eux avec le même courage, jusqu'à la bataille d'Actium, où la moitié qui s'était rangée sous les drapeaux d'*Auguste*, remporta un avantage décisif sur celle que commandait *Antoine*. Ces brigands, si furieux, si sanguinaires, et si acharnés les uns contre les autres, devinrent tranquilles, et se soumirent facilement sous le joug de la discipline militaire, aussitôt qu'AUGUSTE, sans concurrent, prit les rênes de l'empire, qu'il sût les tenir, les diriger d'une main habile, et d'après les principes du gouvernement qu'il venait de créer. Les Annales du monde sont pleines de traits pareils; mais on ne les voit que dans les tats, ou tout ayant été confondu, tout est prêt à se dissoudre.

Les rois de France, jusqu'à la fin du XVIIIe siècle, n'ont dû la conservation de leur couronne et de leur territoire, qu'à la bonne composition des officiers de leurs armées. Leur esprit était excellent. Cette première qualité effaçait quelques vices de détails qu'il pouvait y avoir d'ailleurs, et auxquels on devait peut-être remédier, mais sans enfreindre le principe fondamental qui assurait sa bonté. Dans leurs guerres civiles, les officiers des deux côtés avaient le même caractère, parcequ'ils provenaient de la même source. Tirés en général de l'ordre de la noblesse, ils tenaient à leur patrie, à leurs habitudes, à leur hiérarchie sociale. Sous la ligue, sous les règnes des derniers VALOIS, les *Guises*, et les chefs du parti protestant ont peut-être eu l'arrière-pensée de se substituer, en tout ou dans quelques-unes de ses provinces, au monarque existant et chancelant sur son trône; mais aucun d'eux n'eut jamais l'idée, et n'aurait pas souffert qu'on anéantît la royauté ni l'aristocratie, qui, à cette époque, avait une certaine force chez les Français, et qu'on la remplaçât par le *sans-culottisme*, dont l'indécence eût alors révolté tout le monde: et il y a une grande différence entre une *révolution* et un changement de dynastie.

Autrefois en France, aujourd'hui dans d'autres États et principalement en Angleterre, une partie des grades militaires s'achètent d'après un tarif et des conditions qui sont fixés par les ordonnances du souverain.

On a beaucoup blâmé cette vénalité, parce qu'on ne l'a considérée que sous le point de vue du guerrier, dont on doit encourager le plus possible l'émulation. Ce véhicule, des plus dangereux lorsqu'on l'emploie outre mesure, crée une armée de PARVENUS insolens et insatiables, dont on ne peut répondre, parce que, ne tenant à rien, on ne sait comment les retenir, si les circonstances deviennent favorables à leurs prétentions outrées et illégitimes. Mais en mettant un assez haut prix d'argent aux dignités militaires, on s'assure que ceux qui les achètent, jouissent dans leur pays d'une certaine fortune qu'ils ne se soucient point de perdre. On préjuge d'ailleurs que par l'aisance de leur famille ils ont reçu une éducation convenable, et qu'ils vivent habituellement avec des personnes d'une condition qui soutienne et garantisse leur fidelité. Les classes trop basses de la société, ne pouvant prétendre d'entrer comme eux dans ces corps, la considération personnelle de ces gentils-hommes rejaillit sur le grade dont ils sont revêtus; et c'est un grand bien. Leurs sentimens, leurs devoirs et leurs intérêts étant d'accord sur ce point, ils n'en sont que plus sûrs pour la conservation de l'ordre existant. *Ces gens-là craignent toujours que le sol ne tremble sous leurs pieds.*

Nous avons déjà vu que les soldats PARVENUS *subjuguent, mais qu'ils ne corrompent point l'esprit des peuples; qu'ils le laissent comme ils le trouvent*, et que leur grand nombre n'est dangereux que dans les cas d'une désorganisation déjà préparée et arrivée à son comble. Mais, dans le civil, ils prennent un ascendant progressif sur les hautes classes de la société, en dérangeant les têtes les mieux organisées, et en fascinant les yeux au point d'obscurcir leurs idées, et de les engager à abandonner la réalité pour courir, avec un enthousiasme fanatique, après une ombre qui recule devant eux à mesure qu'ils croient s'en approcher. Ces PARVENUS inoculent dans leur gouvernement un virus de dissolution qui, de proche en proche, en corrompt les différentes parties et avance leur décomposition totale, si, par crainte ou par insouciance, on néglige d'y porter à temps des remèdes convenables. Ils sapent la religion de l'État, rendent ses dogmes problématiques, ridiculisent les préjugés fondamentaux de leurs compatriotes, et mettent la confusion dans tous les rangs; ils affaiblissent par conséquent les cordons qui lient les inférieurs avec les supérieurs, et n'en forment qu'un corps anarchique où chacun méconnaît ses devoirs et ne songe qu'à faire valoir ses prétentions. Ce sont des vers rongeurs qui minent la substance la plus compacte, et excitent sa pourriture par les humeurs infectes et corrosives qui transsudent de leurs pores. Il faut d'autant plus s'en méfier, qu'ils ont soin de ménager les surfaces des objets livrés à leur ravage, et de leur conserver l'apparence d'une bonne constitution intérieure. Mais la moindre secousse détruit l'illusion, et montre des morceaux épars nageant dans de la sanie, au lieu d'un colosse qu'on croyait formidable et qui n'était plus rien depuis qu'il recélait dans son sein des nichées de PARVENUS.

Le commerce, les sciences et les beaux arts sont les trois principales manufactures où se fabriquent par milliers ces puissans dissolvans.

L'avidité, l'envie, les prétentions, la morgue, la bassesse, la jalousie, la honte de passer pour le fils de son père, sont les fermens ordinaires qui excitent ces nouveaux chimistes à décomposer les anciens corps et à en former de nouvelles substances plus favorables à leur vanité, à leurs intérêts et à leurs vues ultérieures. En bons marchands, ils vantent leurs ouvrages, étalent le produit de leur industrie, et mettent un haut prix aux colifichets qui sortent de leurs boutique. Ils font naître des besoins factices, ils introduisent des goûts futiles, et à de bonnes étoffes bien tissues et de durée, ils ont le talent de faire préférer des oripeaux brillans qu'il faut renouveler tous les jours, et dont l'usage n'est jamais d'une utilité solide. Cette admiration, ces extases, cet enthousiasme immodéré pour des bagatelles, cette rage de passer pour un connaisseur éclairé, pour être le *Mécène* des littérateurs et des artistes PARVENUS à jouir de quelque réputation par leurs œuvres ou par leurs *prospectus*, devenant à la mode dans la haute société, détrempent à la longue les âmes des personnages qui la composent, et que les préjugés nationaux appellent aux premières places du gouvernement; ils amollissent leur caractère; ils obstruent leur jugement, les rendent incapables d'avoir de profondes pensées, ou d'en suivre les développemens qu'on en fait devant eux: manquant de moyens pour soutenir la dignité des forces qu'on leur confie, ils abandonnent la position dominante où leur naissance les avait placés, se laissent glisser, avec une sorte de satisfaction, au niveau de ces PARVENUS, et s'abaissent en voulant se mêler avec eux dans un art que ces académiciens professent avec distinction: ceux-ci ont trop d'esprit pour ne point s'apercevoir de leur supériorité, et ne pas profiter de tous leurs avantages, sur des maîtres, qui ont bien voulu se faire leurs écoliers. L'ordre naturel est renversé, les petites idées bourgeoises remplacent les grandes pensées de l'homme d'État; les esprits sont en révolution, et la nation les suit de près: mais, de ces bouleversemens, les pires sont ceux que dirigent les pédagogues PARVENUS : le *despotisme des gens de lettres étant cent fois plus terrible que celui du Sultan le plus féroce* (1).

Caton hâta tant qu'il put le départ de l'ambassade d'Athènes, à la tête de laquelle *Carnéade* était, dans la crainte que les philosophes qui la composaient ne répandissent, parmi les jeunes gens, l'amour des belles-lettres qu'il regardait comme l'avant-coureur de la ruine des États (2).

Dans leur temps héroïque, les Portugais laissèrent mourir leur *Camoëns* à l'hôpital ; et, dans son déclin, la France rendit les honneurs de l'apothéose à *Voltaire*, son poëte favori, qui lui a fait tant de mal par ses écrits et par son exemple. Il mourut comblé d'éloges et de richesses au milieu du triomphe que lui avaient décerné, vers la fin de ses jours, les premiers du royaume, qu'il n'avait cessé de turlupiner et de dégrader pendant toute sa vie.

En lisant les procès-verbaux des premières CORTÈS du Portugal tenus à *Lamego*, en 1145 (3), on est frappé de l'énergie, de la noblesse, du bon sens, de la saine politique, des sentimens éclairés et profonds que ces fiers compagnons d'*Henriquez*, dont aucun peut-être ne savait lire, avaient de leurs devoirs et de leurs droits. Les beautés de leurs discours et l'excellence de leur décision ressortent avec plus

---

(1) *Correspondance littéraire de Grimm*, tom. 15.

(2) *Cic de oratio, liv.* II. *Aulugell.* liv. VII, chapitre XIV. PLUTARQUE.

(3) Voyez *les Mémoires de Bourgoing sur l'Espagne et le Portugal.*

d'éclat, si on les met en contraste avec les vues triviales, la pauvreté des moyens; le galimathias métaphysique, la politique dégoûtante, la conduite et les décrets de ce ramassis d'académiciens et de régens de collége, de gens de lettres de toutes les espèces, sachant lire et écrire; de ces élémens constitutifs de ces *Cortès* qui, le 19 mars 1812, proclamèrent à Cadix cette fameuse constitution d'Espagne, et qui désorganisèrent leur pays jusques vers la fin de 1814. Ces pédans législateurs, ces *Ibériens régénérés*, incapables sans doute de pouvoir rien imaginer par eux-mêmes, s'amusèrent à suivre pas à pas la marche de nos assemblées de démagogues, et s'enorgueillirent d'être les singes et les perroquets des philosophes destructeurs de la France, et de l'ordre social dans les pays où l'on suivrait leurs conseils.

L'impulsion que ces braves chevaliers *non-lettrés* donnèrent aux Portugais les rendit, pendant quelques temps, le premier peuple de la terre, créant des royaumes et fondant des colonies dans les quatre parties du monde. Tandis que le mouvement que les doctrinaires Espagnols imprimèrent dans les esprits de leurs compatriotes du XIXe siècle, les a dégradés au point de ne représenter qu'un peuple presque nul sur la terre, en rendant très-précaire leur monarchie et son autorité sur ses vastes et riches provinces disséminées sur le globe entier. Voilà ce qu'on gagne avec des savans et des littérateurs PARVENUS...... à diriger un empire, tant par leurs écrits que par leur volonté.

Les Espagnols et les Portugais, en 1820, ont essayé une nouvelle tentative de ce genre. Cette expérience se continue maintenant sous nos yeux, et ses résultats définitifs sont encore incertains : ce qu'on peut seulement prédire avec assuance, c'est que, par ce nouveau mode de gouvernement philosophique, que leurs révolutionnaires travaillent à introduire chez eux, ils réussiront à se défaire de leur inquisition, de leurs moines, de leurs grands, de leur colonies, de leur commerce, de leur argent, des sources de leurs richesses, de leur tranquillité intérieure, du bon ordre dans leurs provinces; et, qu'au comble de leurs vœux, ils parviendront peut-être à n'avoir bientôt ni ROI, ni FOI, ni LOI qui les embarrassent et gênent encore un peu leur conscience. Mais en revanche, en place de leur dieu, de leur monarque légitime, de leurs prêtres, de leur noblesse, de leur hiérarchie sociale, et d'une subordination graduelle et bienfaisante, ils auront de beaux diseurs, de savans académiciens, des professeurs distingués tenant en mains des discours et des torches philosophiques qui éclaireront ces *braves Castillans*, leurs compatriotes, et les brûleront d'un ardent fanatisme, qui leur permettra enfin de goûter les douceurs du gouvernement de ces *Troglodites* si turbulens, dont MONTESQUIEU, dans ses lettres persanes, nous a conservé l'histoire lamentable.

Les deux révolutions qui, dans l'intervalle de cent ans, affligèrent l'Angleterre en 1688, et la France en 1788, offrent, par leur contraste, des preuves palpables du principe qu'on vient de développer. La première se fit par la haute classe de la société britannique, et la seconde fut en France l'ouvrage de ses PARVENUS. Les lords Sunderland, Shrewsbury, Arundel, Norfolk, Lovelace, Damby, Dumblain, Nottingham, Devonshire, Dorset; les amiraux Russel, Herbert et leurs principaux complices étaient, par leur naissance, leur fortune et l'existence qu'ils avaient dans leur pays, des

personnages bien au-dessus des Necker, des Mirabeau, L
clos, Sieyes, Bouche, Beaumarchais, Target, Goupil, Ca
mille Desmoulin, de ces troupes d'étrangers, de praticiens
de curés de village, de repris de justice, et tant d'autres gen
de moyenne ou de basse extraction, et ne jouissant qu
d'une très-mince considération dans leur province respec
tive.

Si, au milieu de ces factieux, tirés des classes subalternes, les mémoires du temps y entremêlent les noms de quelques princes du sang, de ducs et pairs, d'officiers-généraux, des titulaires pris dans les premières places du clergé, de la magistrature et de l'administration, tous ces aristocrates de naissance furent les dupes, les complices, mais non pas les moteurs des complots qu'on tramait dès lors. Les révolutionnaires profitèrent de la bonne volonté de ces nobles, traîtres à leur cause légitime, pour les engager de plus en plus dans leurs criminelles entreprises, afin qu'ils ne pussent plus s'en dédire et revenir sur leurs pas. Leur nom, leur titre, leur place, l'autorité et l'influence qu'ils y exerçaient, l'accès qu'une partie de ces grands seigneurs avaient habituellement auprès du Roi et des princes de sa famille, étaient dans les commencemens des avantages précieux dont les pères de la révolution avaient besoin pour seconder leurs projets, faciliter leur réussite, et donner du poids, de la considération et des moyens sans nombre à leur parti. Ils s'en servirent avec une habileté extrême, pour aveugler le monarque et attaquer plus sûrement les principes fondamentaux de la monarchie.

Les démocrates reçurent avec plaisir, dans leurs rangs,

ces gentilshommes plébéïens par choix; ils en décorèrent leur liste, les enivrèrent d'éloges, et s'empressèrent en toute occasion de les faire agir en guerre ouverte contre leur roi, leur honneur et leurs véritables intérêts; mais on se garda bien de les initier dans le secret de la secte, ni de leur permettre de rien diriger en chef, de rien préparer, et d'avoir influence en rien dans le comité-directeur de la conspiration. C'étaient des soldats, des officiers de file, des aides-de-camp actifs et dévoués; mais jamais admis à la connaissance des plans de campagne, de l'ensemble des forces et des diversions qui devaient concourir aux succès de leurs généraux: aussi, après les premières victoires, ils n'en furent pas moins vilipendés, dépouillés ou guillotinés comme les autres. Le marquis de Lafayette même ne fut qu'un mannequin.

Les savans, les gens de lettres n'ont concouru en rien dans la révolution aristocratique de 1688. Les Dryden, les Boiles, les Newton, les Wallis, les Wicherley, les Hook n'y jouent aucun rôle. Leurs prédécesseurs dans cette carrière, les Buttler, les Ottway, les Rochester, les Rocosmon, les Mulgrave, les Bukingham, les Halifax, les Dorset, les Temple, la plupart d'une grande naissance, n'étaient point comme Voltaire, d'Alembert, Duclos, Helvétius, Jean-Jacques Rousseau, Marmontel, Diderot, Damilaville, la Mettrie, Nàigeon, Paul Thiry soi-disant baron d'Holbach, le marquis d'Argens, Boudeau, Blondeau, Roubeau, et tant d'autres faiseurs de livres PARVENUS à se faire une réputation de philosophes régénérateurs; à préparer les esprits à devenir incrédules, à se moquer de leur religion, à mépriser leurs usages, à se dégoûter de leurs anciennes institutions, à couvrir de ridicule les fonctions et les fonctionnaires publics les plus respectables, à saper les fondemens de la société, à miner les appuis de notre monarchie, à user et affaiblir tellement les liens qui en réunissaient toutes les parties, qu'elles tombassent en morceaux à la première secousse un peu forte qu'elles recevraient. Aussi leurs successeurs, les Bailly, les Condorcet, les Monge, les Lavoisier, les Fourcroy, les Lhéritier, les Broussonet, les Lalande, les Champfort, les Grouvelle, les Ginguené, les Mirabeau, les Volney, les Rolland de la Platière, les Rabaud de Saint-Étienne, les Fréron, les Camus, les Target, les Chapelier, les Touret, les Garat (1), Carra et Marat, sans compter ceux qui vivent encore, ces savans ou demi-savans, ces gens de lettres ou se disant tels, tous ces PARVENUS, par leurs écrits, à une certaine réputation dans le public, à jouir d'une aisance et de la considération de la part d'un gouvernement irréfléchi, et à une espèce de suprématie parmi la grande aristocratie du royaume, assez imprévoyante pour s'honorer d'être les humbles écoliers de ces hableurs qui, dès lors, travaillaient à sa ruine et à sa dégradation; en un mot, ces académiciens, faits ou à faire, ont été les promoteurs, ont joué des rôles importans, et ont contribué de tout leur *savoir* à fomenter et à soutenir la révolution de 1788.

Ces deux révolutions furent également coupables, attentatoires à l'autorité souveraine et leurs fauteurs et complices

---

(1) C'est par erreur que j'inscrivis M. *Garat* sur la liste des morts, quand je composai cet article. Ses amis ont encore le bonheur de jouir de sa société : j'espère qu'ils me pardonneront cet anachronisme, en faveur *de la rime et de la raison*.

criminels de haute trahison ; c'est leur seul trait de ressemblance. Mais leur motif et leurs moyens ayant été différens, les suites ne doivent pas avoir été les mêmes ; nous allons les exposer sommairement.

En Angleterre la révolution de 1688 fut une œuvre *aristocratique.*

En France la révolution de 1788 fut une œuvre *démocratique.*

A été l'affaire d'un jour ; on peut dire sans exagération qu'elle fut réalisée le lendemain de l'arrivée du Stathouder à Torbay ;

Sera peut-être l'affaire d'un siècle ; on peut dire sans exagération que depuis plus de trente ans qu'elle dure, on ne sait pas encore comment la finir.

Occasionna une seule mort ; celle d'un capitaine hollandais, tué dans une escarmouche ;

A occasionné des millions de morts ; celle d'une infinité de Français, d'Anglais, d'Hollandais, d'Italiens, d'Espagnols, d'Allemands, de Russes ; de Blancs, de Noirs, de Mulâtres, qui ont été massacrés, assassinés, noyés, ou qui ont péri de misère, tués dans les guerres, ou sur les échafauds, uniquement par les effets de cette révolution.

Conserva toutes les institutions de son pays ; et, à l'exception de la dynastie régnante, il n'y eut aucun changement.

Détruisit toutes les institutions de son pays ; sans aucune exception.

La rébellion consommée, les Anglais eurent la pudeur de rougir de leur crime, et

La rébellion consommée, les Français, sans pudeur, se glorifièrent de leurs crimes, ils firent leurs efforts pour se justifier par les meilleures subtilités qu'ils purent trouver.

Les *aristocrates* anglais ont en quelque sorte mérité l'indulgence de la postérité, par le *bill of Rights* et des lois subséquentes d'une si haute sagesse, que depuis cent trente-deux ans d'expérience, et pendant six règnes consécutifs, elles sont encore exécutées selon leur forme et teneur.

firent leurs efforts pour en commettre de plus grands, et le élever au rang des actions héroïques.

Les *démocrates* français ont sans aucun doute, mérité l'animadversion de la postérité par les *droits de l'homme* et leurs lois subséquentes d'une si haute folie, que, depuis plus de trente ans, et pendant je ne sais combien de règnes d'usurpations consécutives, elles n'ont jamais pu être un mois exécutées selon leur forme et teneur : encore n'est-il pas sûr que cet intervalle ne soit pas exagéré.

L'éclat du trône et la prospérité publique ont beaucoup gagné en Angleterre depuis la révolution de 1688.

Voilà l'ouvrage des GRANDS SEIGNEURS.

L'éclat du trône et la prospérité publique ont beaucoup perdu en France depuis la révolution de 1788.

Voilà l'ouvrage des PARVENUS.

L'on m'objectera peut-être les massacres et les confiscations qui eurent lieu en Angleterre et en Irlande contre les catholiques, après la *révolution de* 1688.

Mais, en France, ces désordres commencèrent avec la révolution de 1788, et quelques-uns la précédèrent.

Ces horreurs furent, en Angleterre, les suites inévitables d'une guerre civile qui s'établit en Irlande entre les partisans de l'ancien et du nouveau gouvernement, de l'ancienne et de la nouvelle dynastie régnantes. Cette licence soldatesque, ces exemples militaires ne furent point le principe, l'essence, et encore moins le principal instrument de la *révolution de* 1688; tandis que l'anarchie meurtrière et spoliatrice, l'oubli de toutes les lois de l'humanité et de la propriété, devinrent, dès l'origine de nos troubles, le moyen le plus généralement employé par nos patriotes en chef, pour hâter et assurer *la révolution de* 1788.

En Angleterre on ne mit pas au pillage les biens que l'on confisquait, et on ne les abandonna point, comme en France, au premier *sans-culotte* qui voulut s'en emparer. On les déposa scrupuleusement dans les mains du nouveau roi ou dans celles des héritiers naturels de ceux qu'on dépouillait.

Ce fut la religion dominante dans la Grande-Bretagne, qui sévit, peut-être trop brutalement, contre les sectaires d'*un culte proscrit, quoique toléré dans l'Etat.* En France, au contraire, on souleva, on soutint, et on arma les partisans d'*un culte proscrit*, *quoique toléré dans l'Etat*, contre les ministres et les institutions de la religion dominante dans ce vaste royaume. Il n'y a donc point de parité entre les causes et les effets de ces deux révolutions criminelles.

Quoique les sévérités et la manière dont les Anglais ont agi, à cette époque, contre les partisans des STUARTS et de la religion romaine, soient plus excusables que les assassinats et les excès en tout genre, mis en œuvre par nos révolutionnaires pour prendre et assurer leur pouvoir, la nation britannique n'en fut pas moins si indignée, qu'en 1699, revenue à elle-même et dans un état plus tranquille, elle révoqua toutes les lois tyranniques et annula tous les actes de confiscation que l'effervescence des passions exaltées lui avait suggérés, dans les premières années de ses troubles intérieurs ; et, pour que le contraste soit complet, pas un de nos pouvoirs législatifs, quelque nombreux et variés qu'ils aient été, n'a, jusqu'à présent, révoqué aucune *de ces lois tyranniques, ni aucun de ces actes de confiscation*, que pendant la révolution les factieux avaient lancés contre les *aristocrates*, c'est-à-dire, contre les propriétaires et les honnêtes gens d'alors. Ces décrets spoliateurs dirigent et forment aujourd'hui une des bases fondamentales de la jurisprudence de nos tribunaux, et on les exécute encore rigoureusement, selon leur forme et teneur.

Les résultats définitifs de ces deux révolutions n'ont rien d'étonnant. Les premiers d'un pays, les *aristocrates*, ne sont point forcés de renverser les institutions politiques de leurs compatriotes pour acquérir le surcroît de pouvoir et de consistance personnelle qu'ils espèrent obtenir dans les révolutions qu'ils entreprennent. Les *démocrates*, au contraire, faisant partie, en général, des classes reconnues inférieures par les usages reçus, ont besoin, pour franchir l'intervalle qui les sépare de celles qui sont au-dessus d'eux, et se montrer sur les premiers degrés de l'échelle sociale, de retourner de bas en haut l'édifice de leur gouvernement et les habitudes nationales de leurs concitoyens, afin de se mettre à la place de leurs supérieurs nés, et se donner l'importance et la considération que le peuple accorde naturellement aux grands de son pays. Ces réflexions rendent palpables pourquoi les révolutions *aristocratiques* sont moins bouleversatrices que les *démocratiques*. Elles prouvent, par conséquent, que ces dernières sont les plus effrayantes de toutes, et celles dont les peuples doivent se garantir avec le plus de soin.

Lorsqu'il se trouve dans les salons des personnes d'une naissance plus haute que la sienne, un PARVENU craint toujours qu'on veuille lui faire sentir l'infériorité de sa condition primitive. Cette méfiance continuelle qui le gêne et le tourmente sans cesse, aigrit son caractère. Plus on a d'égards pour lui, plus on lui rend, plus il exige, et il ne devient que trop souvent insupportable dans le monde, par ses prétentions et ses jugemens téméraires. Cette jalousie, cette vanité mécontente dont un PARVENU a bien de la peine à se débarrasser, est moins sensible dans le militaire, parce que la hiérarchie des grades y efface, en partie, le disparate des titres de famille; qu'ils sont accoutumés à se traiter de camarades; ce qui établit entre eux une sorte d'égalité et de confraternité dont les officiers de toutes les castes se contentent ordinairement, et qui les rend moins susceptibles à cet égard que les auteurs et les artistes de profession.

Si la haute société d'une nation est frivole, sans cesser d'être active, les PARVENUS par les sciences, la littérature, les beaux arts, ou par des talens agréables, deviennent à la mode. On les recherche, on les attire, on se les arrache; c'est à qui les aura, à qui les vantera, les fêtera et les gâtera davantage. Il y a peu d'hommes d'une modestie assez robuste pour résister à de pareilles épreuves, pour ne pas se persuader que ces prévenances, ces adorations et les riches cadeaux qui les accompagnent, ne sont que le faible prix de son mérite, et pour ne pas exciter si puissamment sa vanité, qu'elle le force à prendre le ton et les manières d'un fat qui, sentant le besoin qu'on a de lui, se permet tout, de qui on souffre tout, crainte de lui donner de l'humeur et de ne plus le revoir. Il serait fastidieux de répéter ici les grâces extravagantes, soit en argent, soit en honnenr, dont ces gens là ont été comblés par les *princes*, *les grands seigneurs et les millionnaires de tous les pays* (1), et les traits

(1) Les papes sont les souverains qui ont fait les plus grandes folies en ce genre. Leur gouvernement, soit *temporel* soit *spirituel*, n'y a pas gagné.

Un état toujours en paix avec des finances toujours obérées; des villes, des campagnes pleines d'artistes, de tableaux, de statues et de monumens d'architecture du plus grand mérite, et remplies en même-temps de mendians, de voleurs et d'assassins impunis, et souvent protégés; ces contrastes et ces faits incontestables sont les signes certains d'une mauvaise administration.

Voilà pour le *temporel.*

Les annales de la cour de Rome n'offrent rien de plus brillant que le règne de Léon X. Il a rendu sa gloire immortelle par sa politique, qui sut prendre une prépondérance marquée sur diverses puissances de l'Europe, par l'empressement de ce souverain pontife, d'attirer près de lui les savans et les artistes les plus célèbres de son temps, par la munificenee avec laquelle il les accueillit et les y traita, et les chefs-d'œuvre qu'ils enfantèrent sous ses yeux et par ses soins. Son goût et sa protection éclairée s'étendirent sur tout ce qui pouvait illustrer l'esprit humain, et il ne dédaigna pas de contribuer à

sans nombre de légèreté, d'insolence ou d'une familiarité très-déplacée avec lesquels des comédiens, des farceurs, des peintres, des sculpteurs, des musiciens, des poëtes, de bons ou de mauvais auteurs, se sont vengés *des princes, des grands seigneurs et des millionnaires de tous les pays*, qui n'avaient pas assez ménagé leur amour-propre, et satisfait, même au-delà, leurs prétentions exagérées. Mais ils avaient pris un tel ascendant, surtout à Paris, qu'au lieu de réprouver avec mépris les impertinences de ces histrions de la bonne compagnie, et de les tenir à leur place, le public prenait plaisir à les encourager, en applaudissant les sarcasmes et les insultes qu'ils répandaient avec profusion contre les objets et les hommes les plus respectables de la société.

Les philosophes dont, avec tant de raison, on a tant à

---

la perfection d'aucune de ses branches. L'art dramatique et des effets théâtraux se ressentirent comme les autres de sa munificence et de son zèle pour embellir les entourages de son trône pontifical. Bembo fut nommé cardinal, prince de l'église, à cause de ses comédies, et Raphaël allait l'être pour ses tableaux, s'il eût vécu plus long-temps. C'est, sans contredit, l'époque la plus remarquable dans l'histoire moderne des beaux arts : mais c'est aussi celle qui est la plus triste dans les mémoires de la religion catholique, apostolique et romaine, dont ce pape était le chef. Outre les dépenses de sa construction, la seule église de Saint-Pierre de Rome coûta au Saint-Siège près du tiers de son empire, et affaiblit considérablement son autorité dans la partie qui lui resta soumise.

Voilà pour le *spirituel* :

« Et ce qu'on gagne avec les beaux esprits. »

VOLTAIRE.

se plaindre, n'eussent pas tant fait de mal en Europe si la bonne compagnie n'eût pas accordé une considération trop exaltée et trop irréfléchie à leurs œuvres et à leurs personnes. Le culte qu'on leur rendit leur donna une supériorité décidée dans les cercles qu'ils fréquentaient, où on les encensait et on les écoutait comme des oracles que personne n'osait contredire. Leur orgueil, enflé par ces humbles déférences, ne tarda pas à s'indigner de n'avoir pas la même suprématie dans le gouvernement de l'État. Ils y travaillèrent et obtinrent, au moins en France, une influence décisive sur les gens en place, en se faisant admirer par les uns et redouter par les autres.

Cette autorité d'opinion, dont ils surent s'emparer sur des esprits superficiels, les rendit une puissance occulte, mais presque sans bornes, sur différentes branches du gouvernement. Ils eurent la mode pour eux; c'était alors le souverain de la France. Au comble de la faveur, leur vanité ne fut point satisfaite. Ils se voyaient désagréablement froissés, au milieu de cette bonne compagnie, par ces nuances presque insensibles dans les égards qu'on avait pour eux, et ceux qu'on rendait aux noms et aux états les plus considérés du royaume. Quoique le maître de la maison et ses *pairs* eussent soin d'émousser, avec des attentions délicates et recherchées, les armes qui portaient de si légères blessures à ces *virtuoses*, leurs succès dans le monde les avaient rendus si susceptibles, et ces petits coups irritaient tellement les fibres de leur amour-propre, que, ne pouvant plus y tenir, ces PARVENUS s'empressèrent de chasser leurs protecteurs, pour se mettre à leur place et les écraser, avec rage, en récompense des bienfaits qu'ils en avaient reçus.

J'ai dit ces PARVENUS, parce que généralement ces philosophes, si choyés et si recherchés dans le monde, étaient fils de maîtres ou d'une famille obscure, vivant de son travail et du casuel de son industrie. Les leçons et les exemples qu'ils recevaient de leurs parens et de leurs alentours les familiarisaient de bonne heure aux connaissances théoriques et aux pratiques d'exécution nécessaires pour subsister et s'avancer dans le métier auquel on les destinait. Au milieu de ce grand nombre de jeunes gens entraînés à suivre la carrière des sciences ou des arts, il est immanquable, qu'aidés par de pareils secours, il ne s'en trouve quelques-uns doués de dispositions heureuses qui excellent dans leurs études : la seule ressource qu'ils ayent pour acquérir de la considération, de l'aisance, quelquefois des honneurs et une fortune au-delà de toute espérance. L'infériorité de leur naissance, et l'éducation qui en avait été la suite, leur donnait, dans ce genre, un avantage décidé sur les enfans des premières et secondes classes de la société, même sur ceux que la nature avait favorisés de moyens extraordinaires qui les eussent mis en état de rivaliser, avec succès, les savans ou les artistes les plus distingués.

Il était difficile que des personnes d'une certaine condition en France, luttassent avec de pareils concurrens dans les arts agréables que le luxe et l'ennui des salons alimentaient. Les mœurs du temps forçaient impérativement un jeune homme d'une de ces deux classes, d'entrer dans un corps au sortir de son collége. Distrait par son service, par ses devoirs de société, la dissipation de son âge et celle de ses camarades, il n'avait guère le loisir de s'adonner exclusivement et sans interruption à ces études opiniâtres qui sont indispensables, si l'on veut acquérir une perfection remarquable dans une branche quelconque de nos acquisitions intellectuelles. Les préjugés nationaux défendaient en outre, et très-rigoureusement, aux amateurs d'une naissance un peu relevée, de tirer aucun profit mercenaire de leurs talens. Ils dérogeaient considérablement aux yeux du public, si, sans autre titre, on les voyait, *allant en ville*, chez le tiers et le quart, même chez les princes du sang, quand ils n'y étaient appelés et reçus que pour y amuser les oisifs du bon ton. Ce mode d'existence était un privilége lucratif, non contesté, exercé avec rigueur, et uniquement réservé, en France, aux *roturiers* qui en jouissaient aux dépens de la noblesse.

La frivolité, la manie de passer pour connaisseur et homme d'esprit, devenant de plus en plus à la mode, donnèrent dans le grand monde une importance inconsidérée à tous ces PARVENUS tirés des académies, des universités, des musées, des conservatoires, des salles de spectacles et autres lieux pareils, et il se forma un corps d'intrigans *en science*, comme en tout-autre chose.

De pareils corps de PARVENUS entraînent nécessairement la dégradation des monarchies qui leur permettent de se développer, et de prendre de l'empire sur l'esprit des grands et sur l'opinion publique. C'est une vérité incontestable, quoique neuve en Europe, si l'on en juge par les soins que les princes et les premiers personnages ont pris, dans le XVIIIe et XIXe siècles, et les sommes qu'ils ont sacrifiées, pour mériter le titre, si flatteur à leurs oreilles, d'être un *Mécène* protecteur éclairé des sciences et des arts, et l'ami intime de plusieurs de leurs coriphées.

Crébillon, qui connaissait mieux ses camarades que les ministres et les gens en place, rencontra un jour le duc de Coigny, une de ses anciennes connaissances, qui lui fit des reproches de politesses de ne l'avoir pas vu depuis longtemps; le poëte lui répondit brusquement : *M. le duc, il faut nous lire et ne jamais se trop familiariser avec nous, ni nous donner trop de prétentions.*

J. J. Rousseau, autre philosophe qui ne ménageait pas davantage ses confrères, avance, dans un de ses traités politiques, qu'un gouvernement n'est parfaitement assis, qu'autant que la naissance, les honneurs, la fortune et le pouvoir se trouvent réunis dans la classe des citoyens dont on tiré, en général, les fonctionnaires en chef des principales branches du gouvernement. Peut-être que dans le XIXe siècle serait-il bon d'y ajouter le *savoir;* non pas en littérature ni en intrigue, mais dans l'administration des parties dont on est chargé. Ce système renverrait de droit à leur académie, à leur chaire ou à leur orchestre, tous ces PARVENUS par les sciences et les arts. Ils n'en seraient que plus utiles, plus respectueux et meilleurs citoyens. On ne verrait plus autant de géomètres, d'anatomistes, de poëtes, de chimistes, d'astronomes et de docteurs en toutes facultés, jouer des rôles importans dans l'État, et entretenir la confusion des rangs et des idées parmi leurs compatriotes. Somme totale, je ne crois pas que cette disette de savans, à prétentions politiques, fut un mal.

Sortis des plus bas étages pour monter aux salons les plus brillans de la capitale, s'y faire introduire et fêter, à cause de leur mérite, de leur charlatannerie, de la manie du jour, de leur amabilité ou de leurs talens agréables, ces *bien-venus* à la mode pressentaient bien qu'ils auraient toujours contr'eux la routine des habitudes religieuses et nationales, si des dernières classes de la nation, ils voulaient en devenir tout d'un coup les premiers personnages, et n'être plus traités en PARVENUS, quoiqu'ils en conservassent les mœurs et le caractère.

Avant tout, il fallait donc renverser sans dessus dessous l'édifice social de la France, et mettre son toit à la place de ses fondemens; déclarer que les *va-nu-pieds*, que les *sans-culottes* seraient les premiers citoyens du royaume, et que le Roi en serait le dernier; établir en jurisprudence, *usurpation*, la possession légitime depuis des siècles, et le *vol*, le seul titre légal d'une propriété; dissoudre la sainteté du mariage, et lui substituer le libertinage du divorce et des unions capricieuses; soulever les subalternes contre leurs chefs; ne manquer aucune occasion d'exciter et de soutenir, avec toutes les forces du gouvernement, les méchans contre les bons; détruire la totalité des anciennes institutions, et en former des nouvelles, façonnées et projetées d'après les impulsions dévastatrices qu'on venait de donner aux esprits; effacer les idées de religion, de pudeur, de convenance, d'honnêteté, de justice du cœur des Français; leur persuader que les vertus étaient des crimes pendables, et les forfaits des actions héroïques les plus méritantes envers la *nation*; enfin si bien fasciner leur jugement, qu'ils crussent avoir vécu jusqu'alors sans poids, sans mesure, et dans une telle ignorance de toutes choses, qu'ils n'avaient jamais su le quantième du mois, le jour de la semaine, ni l'heure qu'il était.

Ces premiers pas étaient indispensables pour faire réussir leur dessein favori. Mais ces idées paraissaient si extravagantes, même dans l'esprit d'un philosophe, que leur absurlité empêcha qu'on y fît la moindre attention, et qu'au lieu de songer à s'en préserver, tous les ordres de l'état s'empressèrent, sans le savoir, de les favoriser par leur zèle et leur influence. On ne s'imaginait pas qu'une pareille chimère fut possible à réaliser. L'expérience a pourtant prouvé le contraire. J'aurai peut-être occasion de développer, dans d'autres articles, les moyens que ces *docteurs* révolutionnaires employèrent, la marche qu'ils suivirent, et les causes qui ont le mieux contribué au succès de leur entreprise (1). Je me bornerais à rappeler ici, qu'ils n'eurent besoin que d'un intervalle de trente ans, et, à la vérité, de deux règnes consécutifs faits exprès pour eux, afin d'obtenir un triomphe complet, et de présenter les ministères de la France, et les principales branches de son administration *suffisamment garnies* d'échappés de quelques-unes de ses académies.

Nous croyons avoir démontré qu'un souverain doit moins se méfier des soldats PARVENUS, que de ces académiciens qu'on distrait de leurs études, en leur laissant prendre une importance déplacée dans le monde. Les premiers décident les catastrophes, mais ces professeurs intrigans les amènent, en préparent les matériaux, pervertissent les esprits, corrompent, intimident ou mistifient les autorités constituées; enfin ils combinent si savamment leurs attaques, le choix de

---

(1) En attendant, voyez dans la *Tydologie*, tome 2, chap. IV, le parti merveilleux que les géomètres et les astronomes de feue l'Académie royale des Sciences, tirèrent de la mesure de 6 ou 7 degrés du méridien pour hâter la marche de la révolution et du désordre général qui devait leur procurer les bonnes places qu'ils ont eues depuis.

leurs postes, l'emploi de leurs armes, la sape des ouvrages avancés et des points de défense, que la révolution est faite avant que les militaires sabrent les nœuds gordiens qui retiennent encore les faibles restes d'un gouvernement qui se détruit. Si l'on n'était point accoutumé aux bizarreries de l'esprit humain, on serait étonné qu'un principe si clair et si fécond ne fut point encore connu (1). On ne le trouve proclamé et suivi que chez les *Préuviens*, peuple barbare, subjugué et annullé depuis près de 400 ans. Leur empire se ressentit, pendant treize règnes consécutifs, des premières impulsions politiques qu'avait donnéeš à leur gouvernement son fondateur *Manco-Capac*. Ce sauvage, cet homme extraordinaire, ce législateur au-dessus de tous ceux dont l'histoire nous a conservé le souvenir, isolé dans les forêts de l'Amérique méridionale, avait à lui seul, deviné et pratiqué les maximes fondamentales de l'art de former des sociétés, de les rendre heureuses, prospères en dedans et puissantes au dehors (2),

---

(1) Peut-être en devons-nous excepter le Parlement de Paris: il refusa constamment, pendant dix-huit mois, d'enregistrer les lettres patentes qui établissent l'*Académie française*. Il craignait sans doute, et avec raison, qu'une société d'hommes éclairés, uniquement occupés à briller par leur esprit et encouragés par l'opinion publique qu'elle saurait accaparer, ne finît, ou par se faire remarquer, et entretenir sur elle l'attention du beau monde, ou par enseigner des nouveautés préjudiciables à l'État : c'est ce qui est arrivé : depuis une vingtaine d'années avant la révolution, l'Académie n'était plus qu'un club composé en grande partie de Mécréans dirigés par des factieux.

(2) Cet empire a péri comme tant d'autres, par l'abus qu'un de ses plus grands rois fit de l'autorité que lui avait acquise la gloire

Par malheur, nous n'avons les annales péruviennes que tronquées, et d'une manière très-imparfaite. Ces fragmens

---

d'un règne brillant et habile, pour violer impunément les lois fondamentales dont il tenait le sceptre et qu'ils devait transmettre, aux mêmes conditions qu'il l'avait reçu, à son héritier de droit.

L'instrument qui frappa le premier coup de destruction, sur cet édifice admirable autant que solide, élevé par la sagesse de *Manco-Capac*, la cause prépondérante de cette terrible catastrophe, fut la souveraine puissance remise illégalement dans les mains d'un PARVENU. Qu'on ne s'imagine point que je veuille parler de *François* PISARRO; lui, sa troupe, et la supériorité de leurs armes sur celles de ces sauvages, auraient échoué dans leur téméraire entreprise, si, à leur arrivée, les Espagnols eussent vu les Péruviens gouvernés par leur INCA légitime, et d'après les règles, les coutumes et les hiérarchies sociales de leur ancien régime; si, en infraction volontaire et manifeste aux lois divines, que lui-même reconnaissait avoir été révélées directement par le SOLEIL, le seul Dieu adoré au Pérou, *Huana Capac*, son douzième inca, n'eut point, par son testament, démembré de son empire le royaume de *Quito*, pour en faire l'apanage d'*Atahualpa*, son bâtard, selon la jurisprudence de son pays, au préjudice de *Huascar*, son fils aîné, l'héritier naturel et légal de tous les États de son père et de son roi.

Ce testament porta l'indignation, le mécontentement et l'esprit de révolte parmi les Péruviens qui, jusqu'alors, avaient été le peuple le plus *dévotement* soumis à la volonté de leurs souverains. *Huascar* essaya de rentrer dans la plénitude de ses droits. *Atahualpa*, selon l'usage, ne se contenta pas de sa portion, il voulut jouir de toute la puissance que son père avait eue pendant le cours de son règne; il prétendit se mettre en son lieu et place sur le trône des Incas, et ne consentit à aucun partage de territoire, d'autorité, ni de prérogatives quelconques. Il s'ensuivit une guerre civile entre ces deux frè-

suffisent pour nous donner une très-haute idée de la politique dont les *Incas* avaient hérité de leur fondateur. ROCCA

---

res; et *Atahualpa* fut le plus heureux. *Le sort des armes* décida en faveur du bâtard contre la légitimité.

Atahualpa monta sur le trône, qui ne lui appartenait pas, avec la méfiance, la cruauté, la perfidie, le courage et l'habileté; avec ces dignes alliés, compagnons ordinaires du PARVENU. Il devint jaloux de conserver et d'augmenter, par toutes sortes de moyens, la place éminente qu'il avait usurpée injustement, malgré les cris du public et les lois qui se refusaient à lui en accorder la possession légitime. A l'exemple d'*Athalie*, qui fit rechercher et massacrer les derniers rejetons de la famille de *Juda*, pour régner seule sur les douze tributs d'Israël, *Atahualpa* voulant comme elle assurer son usurpation, résolut de se défaire, par la ruse et la violence, de tous les *enfans du Soleil*, les descendans directs de *Manco-Capac*, d'en détruire la race et de rester sans compétiteur, le fils unique, l'héritier universel de l'illustre maison des Incas, dont il était issu, *on sait comment.*

Cet usurpateur laissa pourtant la vie à son frère *Huascar*, dans l'intention de le dégrader, de le dépouiller plus à son aise, et de l'envoyer à la boucherie dès qu'il croirait n'avoir plus besoin de l'autorité que le nom du prince légitime avait encore sur la masse des Péruviens... *C'est tout comme chez nous.* Les révolutionnaires français en firent autant dans la nuit du 5 au 6 octobre 1789. Deux PARVENUS, *Pisarro et Robespierre* vinrent de même s'interposer ensuite entre le parti royaliste et celui des premiers factieux, les mirent bientôt tous les deux à la raison, en envoyant au supplice le roi et ses fidèles serviteurs, le prétendant et ses complices dévoués; et, crainte d'en oublier quelques-uns, ils en sacrifièrent une foule d'autres qui, vraiment, n'étaient d'aucun parti. On trouvera la ressemblance plus parfaite entre ces deux PARVENUS régicides, si

le sixième de ces *Incas*, pendant un règne de cinquante ans et plein de gloire, rédigea, dans la forme des douze tables, les règles législatives que ces prédécesseurs et lui avaient suivies dans la composition de leurs lois, et dont on ne pouvait point s'écarter sans affaiblir l'empire, et avancer la dissolution de son gouvernement. Garcillasso nous les a transmises, et en voici un extrait :

« Qu'il ne fallait élever aux sciences que les gentils-» hommes, et non pas les fils des gens de basse extraction, de » peur que des connaissances si élevées ne les rendissent or-» gueilleux, et *que cet orgueil ne les invitât à l'insubordina-» tion :* qu'il suffisait, pour les occuper, que chacun d'eux » apprît le métier de son père.

» Qu'on ne devait aucune pitié au meurtrier, au voleur, » au factieux ni à l'adultère; mais qu'il ne fallait pas les faire » tous pendre sans remission, etc. » (1)

---

l'on se rappelle que *Pisarro et Robespierre*, après avoir joui et exercé cruellement leur souveraineté, pendant quelques mois, furent de même détrônés par des *remplaçans* qui, en fin de compte, les envoyèrent tous les deux périr par la main du bourreau.

Ce petit parallèle prouve que dans tous les temps, dans l'ancien comme dans le nouveau monde, les dangers que les souverains légitimes courent, tant pour eux que pour leurs successeurs, d'abroger légèrement, et sans aucun égard, les lois fondamentales et les habitudes qui régissent leurs sujets depuis des siècles, et de se mettre ainsi, sous des prétextes plus ou moins spécieux, à la merci des PARVENUS.

(1) *Histoire des Incas*, par Garcillasso de la Vega, traduite par Beaudoin ; Amsterdam 1704, tom. 1, pag. 386.

Nous voyons, par cet échantillon, que ces peuples que notre orgueil appelle Barbares, en savaient plus en politique que nos *doctrinaires* ne nous en ont appris depuis. Ces *Incas* ne voulaient point de PARVENUS, et ils en donnent les raisons. Ils ne se contentaient point de n'en pas faire; mais en hommes d'État prévoyans, ils en tarissaient la source, afin de ne laisser aucun prétexte qu'on en fit après eux. Nous avons vu un temps, au contraire, où l'on n'estimait qu'eux, et que toutes les places, jusqu'à celle de *Roi* inclusivement, étaient prises par des PARVENUS.

Nous l'avons copié mot à mot; mais il faut observer que Garcillasso ou son traducteur a rendu par *Gentilshommes* ce qu'on appelait au Pérou *les enfans du soleil*, qui, comme l'on sait, étaient la noblesse de ce pays

DÉSORDRE.

DÉSORDRE dans les mœurs; DÉSORDRE dans les idées, dans les finances, dans la répartition des grâces et des avancemens; DÉSORDRE à la cour, à la ville, dans les campagnes; DÉSORDRE dans toutes les affaires publiques et privées; DÉSORDRES généraux ou particuliers, sont autant de causes mortelles que doivent éviter avec le plus grand soin, les États, les corps, et les individus qui tiennent à conserver et à prolonger leur existence.

Le DÉSORDRE en excès chez un peuple, s'appelle *anarchie*, signal d'une dissolution prochaine.

Si le DÉSORDRE en gros ou en détail est un fléau subversif des États, l'ORDRE, dans toutes les parties, qui est son opposé, est donc le plus ferme soutien d'un gouvernement établi.

L'ORDRE et l'arbitraire sont incompatibles : parceque l'arbitraire est capricieux, et que l'ORDRE se plaît à suivre des règles invariables.

C'est un théorême incontestable en politique, que l'ORDRE qu'on met dans les affaires est toujours en raison inverse de l'*arbitraire* qui les conduit : plus cet antécédant l'emportera sur son conséquent, plus l'état aura de stabilité, et plus il aura de chance de se conserver avec le plus de force et de durer plus long-temps.

Mettez de l'**ORDRE** à tout, même à la correction des abus les plus crians. Règne-t-il un désordre ruineux dans les finances? ne songez pas, en débutant, à les rétablir en étourdi, par des réformes, par des transpositions d'attributions d'un bureau à un autre, par des opérations habilement conçues, par des calculs à perte de vue, par des ressources brillantes et lucratives dans le moment, et par tous ces moyens d'industrie, pour se procurer de l'argent, dont les valets de comédie donnent des leçons journalières sur le théâtre.

Commencez bonnement à mettre un grand **ORDRE** dans vos registres de comptabilité de recettes et de dépenses, de manière que d'un coup-d'œil, on voie ce que chaque branche de l'administration rend ou coûte au gouvernement, et que les totaux de ces différentes sommes soient à l'abri de toutes critiques. Qu'une loi solennelle, bien détaillée, et éclaircie par des modèles de tableaux subséquens, fixe ensuite irrévocablement la forme et les coupes de ces comptes rendus, et que, sous peine de prévarication, les ministres des finances soient assujettis à s'y conformer avec le dernier scrupule. Cette méthode, à laquelle le public sera bientôt accoutumé, lui donnera au moins, à la fin de chaque année, une connaissance claire et précise de la situation exacte du trésor, des frais et du produit de chacune de ses opérations. Ces bordereaux présenteraient, en outre, la totalité des dépenses que chaque administration entraîne avec elle; les moyens de rendre le courant de leur service plus simple, moins coûteux, plus facile à surveiller, et feraient connaître en même temps les rouages inutiles et dispendieux qui entravent leur gestion respective. Ils mettraient sous leur vrai jour, devant les yeux les moins exercés, les sommes que, sur des prétextes ivoles, romantiques ou sentimentaux, on prodigue pour nder ou soutenir des établissemens onéreux, sans procurer n avantage réel à la nation qui les paye; et ces états ainsi étaillés, seraient déjà un grand pas de fait vers le rétablissement des finances qu'on projette.

Quoique de plus amples détails sur cet objet soient léplacés dans cet article, nous ne pouvons pas pourtant ious dispenser de faire remarquer le grand DÉSORDRE de comptabilité que l'on a vu constamment régner en France, cause primitive de ses malheurs. NEKER, CALONNE et LOMÉNIE, ces trois grands directeurs de nos finances, nous ont donné consécutivement, pour les mêmes époques, des états-généraux des recettes et des dépenses du royaume, et les résultats de leurs totaux définitifs différaient entre eux d'une quantité considérable de millions. Dans le budget de 1819, les calculs du ministre des finances et ceux de la commission de la chambre des députés ne s'accordent qu'à 191 millions près. L'observation grammaticale d'un conseiller d'État, réduisit cette différence à 58 millions. Il ajouta : « Ce DÉSORDRE n'est qu'apparent, et provient uniquement « de ce que les opinions sur les formes de comptabilité qu'on » doit suivre, ne sont pas les mêmes. » Sur quoi le *Conservateur* observe, avec raison, que ces opinions étaient un peu chères, tandis qu'avec la méthode que nous venons de proposer, la différence d'*un denier*, entre le budget d'un ministre et les calculs de ses vérificateurs, serait un scandale public.

Si la loi d'obliger les ministres de publier tous les ans un état clair, exact et rigoureux des recettes et dépenses de leur département, eût été constamment suivie en France, il n'y aurait jamais eu de déficit dans ses finances, et par conséquent de révolution. Le premier écu dont les dépense eussent excédé la recette totale aurait sonné l'allarme; le secours seraient aussitôt arrivés pour réparer cette brêch naissante, l'empêcher de s'agrandir, et de donner passage à ces flots tumultueux soulevés par la philosophie moderne qui nous ont noyés dans des abîmes de malheur.

Il ne suffit pas à un gouvernement de mettre de l'ORDRE dans la comptabilité de ses écus : il lui en faut aussi dans le mode de leur perception, dans la distribution de ses dépenses, dans la répartition de ses grâces et avancemens; enfin il lui est indispensable d'en mettre partout, s'il veut mériter l'estime générale, qu'on accorde toujours aux administrations réglées par la sagesse et l'honnêteté réunies.

Le DÉSORDRE dans la distribution des grâces et la nomination aux emplois est encore plus dangereux que celui des finances. *Plaie d'argent n'est pas sans remède*, dit le proverbe; on en calcule les ravages à livre, sou et denier, avec la dernière exactitude; mais comment supputer les suites funestes d'un État dont le gouvernement est infecté dans toutes ses parties, par une trop grande quantité de fonctionnaires publics qui sont nuls, médiocres, verreux ou indécens?

Ces excès, ces DÉSORDRES dans la répartition des avancemens, s'arrêtent en grande partie en fixant irrévocablement dans chaque corps, le nombre des titulaires des différens grades qui doivent le composer. Cette règle est un grand acheminement à la destruction des abus dont nous venons de parler, parce qu'y ayant moins d'arbitraire, il y aura plus d'ORDRE. Un reste de pudeur, surtout aux époques où la corruption ne fait que se préparer, empêchera la cour de préférer, pour la seule place importante qui soit à remplir, un homme vicieux ou incapable à un homme distingué dans son corps, tandis que si les ministres peuvent créer des grades à la suite et des emplois à volonté, ils feront passer dans la foule les individus qu'ils voudront, sans que personne ne s'en aperçoive, et n'ait le droit de s'en plaindre.

On dit *qu'un grand* DÉSORDRE *amène l'*ORDRE; sans doute, puisqu'il rend sensible à tous les yeux les innombrables vices de cette confusion générale, et les dangers prochains que chacun court en la laissant continuer. Mais ce n'est pas toujours celui que l'on espère. Les DÉSORDRES anarchiques qui tourmentèrent ma patrie sous les règnes de Robespierre et du Directoire, amenèrent l'ORDRE que Buonaparte établit pour les faire cesser; mais ce ne fut pas celui que les bons citoyens voulaient. Le DÉSORDRE entretenu par les grands vassaux de la couronne, sous les successeurs de Charles-le-Chauve, *amena l'*ORDRE que Hugues-Capet et ses successeurs légitimes mirent dans le royaume de France; mais les partisans des *Carlovingiens* en desiraient un autre.

Ce remède est bien hasardé de la part d'un prince ou d'un ministre qui y a recours pour rétablir l'ORDRE dans son pays; à moins qu'il ne soit l'âme secrète de ce DÉSORDRE général, qu'il excite et entretient lui-même, afin de se débarrasser de mille puissances importunes qui entravaient la sienne, l'empêchaient de s'élever au-dessus de ces volontés partielles, et selon les circonstances ou les intentions de ces chefs de faction, de les soumettre à reconnaître son despotisme, ou l'autorité des lois et des anciennes institutions. Cela a quelquefois réussi, mais des exceptions rares ne se citent jamais comme des maximes à suivre. Dans ces entreprises, on risque le tout pour le tout, à un jeu rempli de chances défavorables contre soi.

Semer des pommes de discorde, fomenter des troubles, exciter des révoltes, encourager des factieux, entretenir une confusion générale dont on est l'âme, tenir dans ses mains tous les fils qui font agir habilement, selon le besoin qu'on en a, les fauteurs du DÉSORDRE; conserver une suprématie secrète sur cette multitude en fermentation, et y faire naître le calme et la tempête à volonté, est le chef-d'œuvre du conspirateur, et peut-être de la sagacité humaine. C'est, dans ce sens, qu'on peut dire *qu'un beau désordre est un effet de l'art;* mais n'est pas bon artiste qui veut, dans ce genre. Si cette carrière flatte votre ambition, il faut y primer, ou consentir à être le dernier des hommes.

Une tête forte, des bras vigoureux, une activité infatigable et des circonstances faites exprès, sont des conditions nécessaires, sans lesquelles les conspirateurs échouent, sans pitié, dans l'exécution de cette suite de nombreux forfaits, auxquels ils sont forcés d'avoir recours, pour s'emparer du pouvoir suprême, chez les peuples qu'ils ont ainsi soulevés. César et Auguste, le cardinal de Richelieu et Cromwell, dans l'histoire ancienne et moderne, nous offrent des modèles de ces hommes extraordinaires. Neker voulut suivre leurs traces, et tenter pareille aventure. Avec ses phrases arrogantes et ses petites connaissances de manège, il se crut assez fort pour maîtriser ces chevaux fougueux tirés des étables d'Augias; il les attela au char de la révolution, qui devait promptement le mener en triomphe au ministère suprême et perpétuel de la nation française. Sans vertus, sans talens politiques, ses mains débiles ne purent en tenir les rênes; ses coursiers l'emportèrent, et de la hauteur dont leurs premiers pas l'avaient élevé, ils le renversèrent, et foulèrent sous leurs pieds leur conducteur présomptueux, sa réputation, les trônes et les institutions qui existaient avec avantage dans tous les pays qu'ils parcoururent. Telle est l'histoire de l'auteur des DÉSORDRES qui ont agité les peuples de l'Europe, et qui peut-être les agiteront encore pendant long-temps; de ce dépositaire infidèle et maladroit de l'autorité royale qu'on lui avait confiée pour la soutenir, et non pour travailler plus sûrement à sa destruction; de ce nouveau *Phaëton* genevois, qui eut la sotte vanité de paraître éclairer le monde entier dans le char du soleil régénérateur de la France; de cet homme enfin dont le nom sera immortel comme celui d'*Erostrate* : châtiment éternel que le ciel, dans sa justice, a infligé à la mémoire de ces deux incendiaires.

Les troubles qu'on fomente dans un pays, pour le gouverner plus aisément ensuite, sont toujours des tentatives criminelles. Le succès parvient à les absoudre en partie aux yeux de l'histoire. La Politique les range alors au rang des exceptions téméraires et brillantes. Pour éviter que de pareilles entreprises ne se forment dans son sein, un bon gouvernement, jaloux de conserver son existence intacte, empêche, avec la plus scrupuleuse attention, que le DÉSORDRE ne s'introduise dans aucune des parties de son administration et de ses hiérarchies sociales.

Le DÉSORDRE, par lui-même, dégoûte tout le monde; il n'inspire d'intérêt qu'aux fripons et aux intrigans qui en profitent. Un gouvernement qui se plaît à vivre dans le DÉSORDRE, exclut, de droit, de son service, les honnêtes gens et les administrateurs exacts, travaillans en conscience; et si, par hasard, il en rencontre quelques-uns dans le courant de ses nominations, il ne les conserve pas long-temps, ou il annulle les heureux effets de leur bonne volonté.

Semblables aux têtes de l'*hydre*, les DÉSORDRES se régénèrent d'eux-mêmes, si une main sûre et bien dirigée n'en coupe pas au vif les premières racines. Ils se multiplient selon les lois d'une progression géométrique croissante, d'une manière si effrayante, qu'après un nombre de termes assez court, l'État le plus riche, le plus puissant et le plus solidement constitué, se trouve incapable de résister à la somme des DÉSORDRES qui le déchirent dans tous les sens, et qu'il périt, de lui-même, au milieu du DÉSORDRE le plus complet.

C'est ordinairement le sort des États qui ont été, trop long-temps, sous le joug d'un *cabinet souverain*. (1)

---

(1) Voyez ce mot dans l'*Art de faire les Lois*. Paris, 1821. Page 59 et suivantes.

L'A-PROPOS.

L'A-PROPOS est un tact donné par la sagesse, l'instruction et l'expérience. Il indique, dans toutes les circonstances, ce qu'il y a de mieux à faire, le temps où il faut le faire, et comment on doit le faire.

L'A-PROPOS, selon madame de Staël, est la nymphe *Egerie* des hommes d'état, des généraux, et de tous ceux qui ont affaire à la mobile nature de l'espèce humaine.

Quelle que soit votre conduite, les plus savantes manœuvres, les intrigues les mieux filées, aucune de vos démarches n'aura du succès, si vous négligez de les faire A PROPOS.

« Sans l'A-PROPOS tout se fait gauchement ; »

Et rien ne réussit.

FIN.

TABLE

DES PRÉCEPTES POLITIQUES.

MOYENS DE PARVENIR DANS UNE MONARCHIE.

SOUS PRESSE,

PAR LE MÊME AUTEUR :

L'Amour, considéré sous un point de vue politique, dans une Cour monarchique.

Avec cette épigraphe :

« Quels sont les maux que tu nous causes ?
» Quels sont les biens que tu nous faits ? »

L'ART DE FAIRE DES LOIS,

AVEC CETTE ÉPIGRAPHE :

Un législateur sage, habile autant qu'austère,
Composera ses lois d'après le caractère
Des peuples différens qu'il voudra gouverner.

CONTIENT : Pages.

Ce volume a été imprimé dans les trois premiers mois de 1820, et il se vend,

A PARIS,

CHEZ LAMY, LIBRAIRE,
Quai des Augustins, n.° 21.

www.ingramcontent.com/pod-product-compliance
Lightning Source LLC
LaVergne TN
LVHW010042230826
846091LV00005B/1824

* 9 7 8 2 0 1 2 4 6 3 6 1 5 *